シリーズ
教師のネタ
1000
③

おカタい授業にクスリと笑いを！
教室ギャグ77

教育サークル「大阪ふくえくぼ」代表
三好真史 著

JN069062

100年に1度の
秀才があらわれ
ました！

うぉおー！

黎明書房

はじめに

あなたの授業の中に，「笑い」はありますか？

　教師がユーモアを持って子どもを笑わせることは，仕事の本分とはいえません。
　でも，「笑い」は教育にとって，重要な意味を持つのです。

「笑い」には，次の３つの効果があると考えられます。

　１つ目は，子どもの学力が向上することです。
　学習者の記憶力を向上させるには，学習にユーモアを適切に介在させることが有効であると，教育学の研究からも示されています。

　２つ目は，緊張を和らげられることです。
　誰かが叱られているときなど，教室の空気がピリッと固くなっているとき……そういうときに，雰囲気をそのままにしていると，緊張感を引きずってしまい，息苦しくなりがちなものです。
　教室の空気が気まずいときに，小さなギャグを繰り出せば，子どもたちはホッとして，思わず笑い出します。

笑い終わったあとは，気持ちを授業モードに切り替えること
ができるようになるのです。

　3つ目は，子どもが学校を好きになることです。
　なにより，子どもは笑うことが大好きです。
　そして，自分を笑わせてくれる先生のことも大好きになります。
　面白い先生，ユーモアのある先生の話は，よく聞こうとします。
　大笑いした後，子どもは家庭でも保護者に話をします。「今日，
先生がこんな面白いことをしたんだよ」というように。
　子どもが笑って学校から帰ってくる様子を見れば，保護者の
方も安心してくれることでしょう。

　このように，笑わせることは，教師の仕事の本分ではないも
のの，ユーモア性を持つほうがよいのです。

　とはいえ，「滑っちゃったら，どうしよう」なんて怖くなる
こともあるでしょう。
　でも，心配ご無用。
　学校で必要なのは「大爆笑」ではありません。
　クスリと小さく笑ってしまうような，「ほんの少しのユーモア」
があればよいのです。
　小さな笑いを，授業の中に散りばめてみましょう。

　本書では，教室でサッとできそうな，とっておきのギャグを77個集めました。自分に合いそうなもの，できそうなものからチャレンジしてみましょう！

2021年1月

三好真史

もくじ

I
★授業の導入ギャグ

授業導入でサッと取り入れれば，笑いが起きること間違いなし。興味を引くようなギャグで，楽しく授業へ引きつけます。

夢で見た問題

授業の導入で問題を出すときに，一芝居打ちます。「夢で見た話」として興味を引きつけ，教材への関心を持たせます。

① **夢の話をする。**

先　生「昨日変な夢を見たんだよね……」

子ども「どんな夢？」

先　生「閻魔大王様がいてね。40 mの赤いテープを，6人で分けられるようにしなさいって言うんだよ」

② **夢で見た問題を黒板に書く。**

先　生「分けられなければ，ここを通さないぞって言うんだよね」

子ども「不思議な夢だねえ」

先　生「というわけで，今日はその問題を書きますね」

子ども「ええっ!?　その夢，本当なの？」

・教材文を読み，ストーリーに落とし込みます。こじつけるような形でも面白いものです。

2 昨日のケンカ内容

> 子どもたちは，先生のプライベートの話を聞きたがります。プラ
> イベートの話から，今日の学習の題材へとつなげていきます。

① **家族ゲンカの話をする。**

先　生「はあ……昨日ね，家族と口ゲンカしたんだよね」

子ども「どんなケンカ？」

先　生「でも，みんなに話すようなことじゃないんだよね……」

子ども「そこまで言ったら教えてよ。何についてケンカしたの？」

② **ケンカの話から今日の学習課題へと移行する。**

先　生「先生の旦那さんが，三角形の内角の和が180度って言っ
　　　　て聞かないの。そんなわけないのにね……おかしいよね」

子ども「でも，180度かもしれないよ。調べてみようよ」

先　生「では，それが今日の課題です」

子ども「よーし，確かめるぞ！」

・本当にあった話のように伝えるのが大切。「先生の兄弟が，○○
　と言ってきて，困るんだよ……」というのもよいでしょう。

11

3 超スモール・超ビッグ

> 黒板へ書く文字の大きさで，笑いをとります。比較的滑りにくいため，空気感を和らげたいときにおすすめのギャグです。

① **小さく字を書く。**

　先　生「これが今日のめあてです」
　（見えないくらい小さく書く）
　子ども「見えません！」
　先　生「まったく，みなさんわがままですねえ」

② **大きく字を書く。**

　先　生「これで見えますかね……」
　（黒板いっぱいに大きく書く）
　子ども「ちょ，ちょっと。先生，
　　　　　　大きすぎます！」
　先　生「もう，わがままばっかり。
　　　　　　いい加減にしてくださいよ！」
　子ども「先生こそ！」(笑)

・ゆっくりと３文字ほど書いたところで止めるのがポイント。

4 声が出ません

> 先生の体調が悪いとき，子どもたちは心配してくれます。そんな心配を見事に裏切るギャグです。演技力が必要です。

① **マスクをつけて板書でメッセージを伝え，無言で授業をする。**

先　生「……」（『今日，先生は声が出ません』と板書する）

子ども「そうなんだ。風邪かな」

先　生「……」（『声なしで授業をすすめます』と板書する）

② **大きな声で挨拶をする。**

（1時間目の授業終了時）

先　生「……れい！」

子ども「声出てるじゃん！」（笑）

先　生「あれ……？　治ったみたい。みんな,迷惑をかけたね」

子ども「ウソだあ！」

・1時間授業を丸々無言でやりきることになります。算数の練習問題など，口頭での説明なしにできる単元で実施しましょう。

5 問題は天井に

問題が天井に貼り付けられていて，子どもたちは驚きます。子ども
は気づきますが，「なんだろうねえ」としらを切り続けましょう。

① **問題を探しているフリをする。**

先　生「今日の問題は，どこかにあると思うんだけどなあ……」

子ども「どこだろう？」

子ども「先生，あれのことじゃないの？」

② **天井に貼られている問題を見つける。**

先　生「えっ，あんなところに!?
　　　　いったい全体，どうして？」

子ども「絶対先生が貼ったんでしょ？」

先　生「はい，今日はあの問題を
　　　　解きましょうね」

・前日のうちに，机とイスを積み上げて用意しましょう。くれ
ぐれも，安全には気をつけて！

6 感想文のDJ読み上げ

子どもの書いた感想文を，DJ風に読み上げます。マイクやサングラスがあると，さらに雰囲気がでます。

① **感想文を読み上げる。**

　　先　生「ヘイヘイ，前回の感想を紹介するぜ！」

　　子ども「先生，ノリノリですね。どんな感想があるのかな？」

② **読み上げを終了する。**

　　先　生「『さなぎから蝶になる瞬間が見てみたい』だって？

　　　　　いつか，その瞬間に立ち会えるといいな！　（3〜5つ

　　　　　読みあげた後）以上だ！」

　　子ども「みんなの感想，

　　　　　面白いな！」

・昔話風に読み上げるのも楽しいです。音楽もあれば，さらに効果的です。

7 問題文タカラ探し

問題文を，教室のどこかにかくしておき，みんなで探し出します。
みんな，夢中になって探します。

① **教室のどこかに問題をかくす。**

先　生「この教室のどこかに，問題がかくされています。全部
　　　　で，５問あります。１分で探し出してください」
子ども「どこだろう!?」

② **見つけた問題文を黒板へ貼り付ける。**

子ども「あった！　ありました！」
先　生「おお……黒板まで持ってきてください。今日は，この
　　　　問題を解きましょう」
子ども「うん，解いてみたい！　どんな問題かな？」

・問題文をバラバラに切り分けておき，「問題文の一部がかくさ
　れています」などもアリ。
・問題文は，棚の中，カーテンの裏，ロッカーのスキマなどに
　かくします。

8 勘違い

> 授業の題材について，教師が勘違いをしてみせます。「それってこういうことだよね？」「違うよ！」というやりとりから，子どもを授業へ引き込みます。

① **言葉を聞いて思い浮かぶことを尋ねる。**

先　生「『思いやり』と聞いて考えることはありますか」

子ども「うーん，何だろうな」

② **子どもがツッコんでくれるまで勘違いし続ける。**

先　生「構えてみたけど……うーん，ダメだ。私には，重すぎて持てない……でも，この槍を持たなくっちゃ。ハイ，みなさん。これが，『おもいやり』ですよね」

子ども「先生，それは『重い槍』です」

先　生「えっ，違うのですか！」

子ども「全然違います」

・子どもがツッコミを入れるまで，ジェスチャーでボケ続けます。

9 怖い話風導入

教室の明かりを消して，「怖い話」が始まるかのような演出をします。暗くなった教室で，子どもたちの注目を教師の方へと引きつけます。

① **電気を消す。**

先　生「では……今日の問題です」

子ども「えっ，真っ暗。ドキドキするなぁ……」

先　生「ある子どもたちが……夜の学校に行きました。そこには，赤いリボンが落ちていました。長さを測ってみると，12mでした……」

② **問題文を読み上げる。**

先　生「突然，大きな声が聞こえました。『それを3人で分けたら，何mになるでしょうか！』この問題に答えなければ，学校から出られません……」

子ども「ええっ」

先　生「はい，これが今日の問題です」

子ども「こわかったよ〜！」

・低い声で，おどろおどろしく読むようにしましょう。

10 特別ゲストに
来ていただきます

> 特別ゲストと称して，教師が変装して出ていきます。いつもと
> 違う服装から，子どもの興味関心が高まります。

① **前ふりをする。**

　先　生「今日は，消防士の方にお越しいただいております」

　子ども「えっ，本当？」

　先　生「ちょっと，呼んできますね」

　　　　（先生は廊下へ出る）

② **教師が変装して登場する。**

　先　生「ジャジャーン」

　子ども「ええっ，先生じゃん！（笑）　消防士じゃない！」

　先　生「そうかな？　何が違うの？」

　子ども「教科書に載っている写真の
　　　　　服装と，全然違うよ！」

　先　生「じゃあ，どこが違うのか，
　　　　　教科書で調べてみよう」

・雑貨屋に売っている職業変装のコスプレを着ると便利。

11 再現VTR

授業のテーマについて，大げさなほどの再現VTR風芝居をやってみせます。イメージが湧くように，右や左に体を入れ替えて，登場人物を演じ分けましょう。

① **1人芝居をする。**

　　先　生「『友情』といえば，どんなものがありますか？」
　　子ども「友達のことを信じて，待ってあげることです」

② **一段落したところで芝居を終える。**

　　先　生「たとえば，こんな感じですね。『遅いなあ……まだか
　　　　　なあ……』『ごめん，お待たせ！』『いいんだよ。君の
　　　　　ことだから，何かあったに違いない。そうだろ？』
　　　　　……どうですか？」
　　子ども「えっ，……あ，はい」（笑）

・テレビの再現ＶＴＲのように，体を大きく動かして演じ分け
　ましょう。

II
★授業中の活動ギャグ

授業活動の際に行うギャグ。活動と活動の間に取り入れ，笑顔で活動に入れるようにします。

12 ロパク指示

> ロパクで，子どもたちに活動の指示を出します。子どもたち
> にわかるように，できるだけ大きな口形で伝えます。

① **ロパクで指示を出す。**
　　先　生「パクパク……」
　　子ども「……!?　先生，どうしたの……?」

② **何を言っていたのか確認する。**
　　先　生「あ，声が出るようになった。先生が，何を言っていたの
　　　　　かわかるかな?」
　　子ども「問題 25 番を解きましょうって言ってたんじゃないです
　　　　　か?」
　　先　生「正解です!　では，やってみましょう!」

> ・3 回くらい同じことを言うようにしてから，声を出すようにす
> ると，子どもたちも集中して読み取ろうとするようになります。

13 変なルール説明

> 子どもが知っているであろうゲームのルールを，まじめな顔で説明します。

① **新しいあそびを提案する。**

先　生「では，じゃんけん大会をしましょう。ルールを説明します」

子ども「やったあ！」

先　生「難しいので，よく聞いてくださいね」

子ども「どんなあそび方なのか，楽しみだな！」

② **ルールの分かっている部分を，難しそうに説明する。**

（真剣な顔で）

先　生「……いいですか。これがグーです。これがチョキです。これがパーです。グーはですね，チョキに勝つことができます。チョキはですね……」

子ども「先生，そこは分かっています」

先　生「あ，分かってたの？」

・いたって真面目な顔をして説明しましょう。

14 すべて板書

子どもの言葉を，すべて書き出します。発表が停滞してしまい，子どもの意識が散漫になっているときが効果的です。

① **子どもの発言をすべて書き出す。**

先　生「登場人物は，誰ですか？」

子ども「えーっと，あのーごんぎつねです」

先　生「えーっと，あのーごんぎつねです……っと」

② **ツッコミとともに消す。**

子ども「先生……それは，書かなくていいですよ！」

先　生「あれ，そうでしたか」（消す）

・書かれても気にしない子どもを対象として行うように気をつけましょう。

15 手をふる

> 授業中手を挙げている子どもに対して，手をふりかえします。
> できるだけにこやかな笑顔で手をふります。

① **手を挙げるタイミングで，手をふる。**

子ども「先生！」（挙手している）

先　生「は〜い」（手をふりかえす）

② **そのまま過ぎ去ろうとする。**

先　生「……それでは次の問題ですが」

子ども「待ってください，先生質問です」

先　生「ああ，質問だったのですね。てっきり，手をふっているのかと思いましたよ」

子ども「そんなわけないでしょう」

・ツッコミ上手な子どもを対象としてやるのがよいでしょう。

・子どもの手のひらにタッチして，「ハイタッチしたいのかと思いましたよ」も面白い。

25

16 読み間違い

教材文について，読み間違いをします。教師の後に続いて読む「追い読み」をする際に有効です。

① **読み間違いをする。**

先　生「先生の後に続いて読みましょう。どんぎつね」

子ども「どんぎつね……え？」

② **しつこく読み間違える。**

子ども「……先生，どんじゃないです。ごんです」

先　生「ああそうか。では，もう一度。どんぶりぎつね」

子ども「違うってば！」

先　生「うまく読めないなあ……ごんたぬき」

子ども「真剣にやってください」

・書き間違いや，言い間違いも有効です。

17 背中に答えが書いてある

問題の答えやヒントを，先生のＴシャツにプリントアウトしておきます。思わぬところから出てくる情報に，子どもたちはビックリします。

① 「難しい問題だ」と焚きつける。

先　生「この植物の名前が，分かりますか？」
子ども「難しい問題だなあ……」
先　生「この問題のヒントは，教室のどこかにあります」
子ども「えっ，どこ？」

② 上着を脱ぎ，背中の答えを見せる。

先　生「どこにあるか……まあ，君たちには見つけられないと思うけどね。ああ，暑くなってきたな。上着を脱ぐか……」
　　　　（教師後ろを向く）
子ども「あったー！　答えは，
　　　　『かたばみ』だ！」
先　生「えっ，どうして
　　　　分かったの？」

・背中にヒントの紙を貼り付けているだけでも盛り上がります。
・ヒントを出すまでは，絶対にバレないように心がけましょう。

18 用意……ドンと言ったら 始めてください

始めるのかと思いきや，始まらない。「用意……」のあとに，違う言葉を言います。スタート時の緊張感を，笑いへとつなげます。

① **「用意ドン」と言うタイミングで，違うことを言う。**

先　生「このプリントを，できるだけはやく仕上げてください。
　　　　　タイムを計りますよ。みなさん，準備はいいですか？」
子ども「はーい。大丈夫です。」
先　生「はい。では，用意……ドン，と言ったら始めてください」
子ども「わわっ!?」

② **数回，似たような言葉を繰り返す。**

先　生「用意……ドンブラコドンブラコは，桃太郎ですねえ」
子ども「先生，真剣にやってください」

・「用意……ドンドン暑くなってきましたね」「用意……どうしたら美人になれるのかな」などもよし。

19 ためて普通

> 答えが間違いであるかのように話しかけつつ，正解であること
> を伝えます。思わせぶりな話し方で，子どもを驚かせましょう。

① **引っかかってしまったかのように答えをじらす。**

先　生「みなさん，引っかかりましたね」

子ども「えっ？」

先　生「この答えは，5だと思っているでしょう？」

子ども「5だ……。しまった，間違えちゃったかな……」

② **普通に正解を言う。**

先　生「あれほどくり下がりが大切だと言っているのに，分かっ
　　　　ていない人がいますねえ」

子ども「そうか，くり下がりか……」

先　生「実はね……5が正解です」

子ども「ええっ!?」（正解かよ！）

・正解を述べるときには，真顔から満面の笑みへと変化させます。

20 隊長！

活動がうまく進んでいないグループに対して，おもしろおかしく働きかけます。リーダーを中心に，活動が進むように促します。

① **活動が停滞している班に助言する。**

先　生「隊長！　どうなさいましたか」

子ども「え？　えっと……」

② **グループの困りに対して助言する。**

先　生「……次の指令を出さないと，隊員が困っていますぞ」

子ども「なにをすればいいのか，分かりません」

先　生「まずは，順番に意見を言っていってはどうでしょうか！」

子ども「そうだね，そうします」

・「キャプテン！」「社長！」なども効果的。笑わせつつ，グループの代表であることの自覚を持たせましょう。

21 空耳

> 子どもの発言を，ギリギリおもしろくなるような聞き間違いに
> 変えてみせます。

① **子どもの発言を聞き直す。**

先　生「ハイ，この問題の答えを言いましょう」

子ども「Kです」

先　生「えーっと……」

② **聞き間違いの確認をする。**

先　生「今さ，もしかして，イケメンですねって言った？　照
　　　　れちゃうなあ」

子ども「言ってません」

・「～って言った？　合っていますか？　……ゴメンゴメン，
聞き間違いでしたね」というようにサラリと確認すれば，
笑わせつつ，授業を進めることができます。

22 ハッキリ言っておくよ！

> ハッキリ言っておくことを伝え，そのあとボソボソと会話します。
> そのギャップの大きさが，笑いを誘います。

① **ハッキリ言うことを明言する。**

（真剣な顔で）

先　生「君たちに，大事なことだから，これだけはハッキリ言っ
　　　　ておくよ！」

子ども「はい……」（何だろう，緊張するなぁ……）

② **小さな声で話す。**

先　生「ゴニョゴニョゴニョ……」

子ども「ハッキリ言わんのかい」

・「モゴモゴ……」などもよし。ハッキリ言わないことが伝わ
　るように，口ごもらせて言いましょう。

32

Ⅲ
★授業中の叱りギャグ

叱るときには，教室に緊張感が生まれます。叱り
にほんの少しの笑いを取り入れれば，教室の空気
がふわっと和らぎます。嫌なムードをパッと払拭
し，「授業モード」へと向かわせることができるの
です。

23 ガツン！

怒った様子を見せながら，子どもに近づいてボケます。子ども
たちは，緊張した面もちで，教師の様子を観察します。

① **怒った顔をしながら，問題行動をしている子どもに近づく。**

先　生「まったく……ここは一度，ガツンと言っておかないと
　　　　いけませんね……」

周りの子ども（ええっ，先生。怒るのかな。どうしよう……）

② **その子に近づいたところで「ガツン」と叫ぶ。**

先　生「Aくん」

Aくん「は，はい……」（しまった！　怒られる！）

先　生「……ガツン！」

子ども「……ええっ!?」(笑)

・「ドーンと言わないといけないね。ドーン！」「ドカーンと言
おうかな。ドカーン！」などの応用もできます。

24 別人を叱る

> 1人の子どもを叱ると見せかけて，野次馬に来ている子どもに
> 話しかけます。小さな叱りのときに用いるようにします。

① **隣に立っている子どもに語りかけるふりをする。**

（全然関係ない子どもに向かって）

先　生「まったくもう！　Bくん，いい加減にしなさい！」

Bくん「ええっ，ぼくじゃないです！」

② **間違いだったことを詫びる。**

先　生「あ，Bくんじゃなかった。Aくんのせいで，間違えたじゃ
　　　　ないか！　どうしてくれるんですか！」

Aくん「えっ，し，知らない
　　　　ですよ！」

・叱る内容が，掃除をサボッていたとか，軽い内容のときにやり
ましょう。

25 ○○病です

子どもの繰り返してしまう過ちに対して，おもしろおかしく指摘します。

① **子どもに注意を促す。**

先　生「Ａくん！　授業中ですよ」（聴診器を当てるフリをする）

子ども「あっ，はい……」

② **おもしろおかしい病名をつける。**

先　生「君は，しゃべり出したら止まらない病です。もう治りません」

子ども「ええっ!?」

・ほかにも「どこでもしゃべってしまう病です」「笑ったら止まらない病です」「しゃべらずにはいられない病です」などの言い方もあります。

26 お医者様の募集

> まるで飛行機の中のように，お医者様を募集します。子どもの
> よくない行動に対して，「定番の声かけ」で，おもしろく注意
> します。

① **子どもの行動に対して反応する。**
　　（不要なことを言ったとき）
　　子ども「ふとんが，ふっとんだー！」
　　先　生「えー，みなさん……」

② **「お医者様」を募集する。**
　　先　生「この中に，お医者様はいら
　　　　　　っしゃいませんか？」
　　子ども「いないよ！」（笑）

> ・「ただいま，空気が急速に冷え込んでおります。ご注意ください」
> などのアナウンスも有効です。「今日のＡくんは，ちょっと変で
> す。保健室へつれていってあげてください」「校長先生に言って，
> 救急車を呼んでもらってください！」など，心配する声かけも可。

27 巻き戻し

> よくない反応を見せたとき，その行為をやり直しさせます。巻き戻し動作でコミカルに動くことにより，雰囲気を和らげます。

① **反応に対して注意する。**

先　生「今日の体育は，雨のため中止です。保健をします」

子ども「ええー！　イヤだよー！　体育がしたいなあ！」

先　生「天気を変えることはできません。ワガママを言っても，無理なものは無理です！」

子ども「ちぇっ……」

② **やり直しをして，前向きな反応をする。**

先　生「せっかくなのだから，前向きに捉えてみましょう。もう一回，やり直します。巻き戻し。キュルキュル」

（後ろ向きに元の位置へ戻る）

子ども「……!?」

先　生「今日の体育は，雨のため中止です。保健をします」

子ども「よーし，勉強がんばるぞ〜！」

先　生「そうそう，いいですね！」

- 「なんて言えばいいのかな？」など，前向きにとらえる言葉を問いかけるのもよいでしょう。

28 おそろしい予言

叱り口調でありながら，予言者であるかのように言います。低い
声で，占い師であるかのように予言しましょう。

① **騒いでいる子どもに，おそろしい予言の前ふりをする。**

先　生「今騒いでいる人には，とてもおそろしいことが起こ
　　　　りますよ」

子ども「えっ……どんな？」

② **予言の内容を伝える。**

先　生「……トイレに入ったら，紙がないとかね」

子ども「それはおそろしい！」

・ほかの予言は，「明日の朝起きたら犬になっています」「しゃっ
くりが止まらなくなります」「休み時間が大雨になります」など。

29 食べたの？

あまり失敗することのない子どもが過ちを犯してしまったときに有効。からかいつつ，子どもに期待を寄せている気持ちを伝えましょう。

① **子どもが提出物を提出しないことに関して問いただす。**

先　生「君は，宿題はどうしたの？　出てないんだけど！
　　　　もしかして……」

子ども「あ，はい……」（しまった！　怒られる……）

② **食べたのかどうかを質問する。**

先　生「……食べたの？」

子ども「た，食べてません。家にあります」

先　生「食べてないんだったら，持ってきなさい！　しっかり者
　　　　の君なら，できるよね？」

子ども「は，はい！」

・ほかにも「どこに隠したの？」「ペットが噛んでしまったん
　じゃないか？」など。

○○について 話し合っているのね

子どもが騒がしいとき，教師がおかしな勘違いをして見せます。叱りつつ，ボケて見せることで，叱られることへのストレスを軽減します。

① **騒がしい状態について叱る。**

先　生「そこの人たち！　なにをしゃべっているの！」

子ども「は，はい」（しまった……）

② **話していた内容をおかしく問いただす。**

先　生「ああ，わかった。先生の美しさについて話し合っていたのね。それなら仕方がないわ」

子ども「いえ，違います」

先　生「だったら許しません！」

子ども「ええっ!?」

・男性の場合は「先生が，いかにイケメンかって話し合っていたんだよね」など。

31 モノなりきり

モノをないがしろに扱ってしまう子どもがいます。モノになりきり，子どもに注意をします。

① **モノになりきって話す。**

子ども「ふう，暑いなあ……」（下敷きであおぐ）

先　生「『僕は，Ａくんの下敷き。どうして，僕を正しく使ってくれないんだろう』」

② **なりきったまま注意を促す。**

先　生「『やめてくれ！　僕はうちわじゃないんだ！』……ほら，下敷きも，怒っていますよ」

子ども「は，はーい」

・モノを持ち，腹話術のように動かしながら話すと，雰囲気が出ます。

32 つられてはいけません

> 授業中なのに，ほかの教室から音楽が流れてくることがあります。クスクス笑ってしまうのをたしなめながら，教師もちょっとだけおどけて見せましょう。

① **子どもに対して叱り口調でふるまう。**
（外から音楽が聞こえてきたとき）
子ども「あ，この音楽知ってる」
先　生「まったくもう……」

② **叱りながら，体は踊る。**
先　生「今は授業中です。つられてはいけませんよ！」
（体は踊ってみせながら）
子ども「先生こそ！」

・鼻歌を歌い出すのもよいでしょう。ノリノリでいながら，口調だけは厳しめにして，ギャップを演出します。

43

33 変な指示

子どもが忘れ物など，些細なミスをしてしまったとき，注意するような言い方で無茶な指示を出します。

① **ノート忘れの子どもに紙を渡す。**

子ども「先生，ノート忘れました。紙をもらえますか」

先　生「かわりに書く紙をあげましょう。また1枚，紙が無駄になってしまったね……」

② **おもしろい指示を出す。**

先　生「紙は，木からできているんだよ。君のために，木が無駄になってしまった。分かっているのですか。まったく……世界の材木に謝りなさい！」

子ども「えっ……ご，ごめんなさい」(笑)

- 「ノートを忘れました」→「作りなさい」
- 「いつまでも虫で遊んでいた」→「虫に時間を守らなくてゴメンって謝りなさい」なども可。

Ⅳ
★授業中のほめギャグ

ほめる際にも，笑いが有効です。おもしろおかしく
伝えることで，ほめられる喜びを倍増させます。

34 怒りぼめ

先生が，突然怒り出します。かと思えば，ほめ言葉を繰り出す。
このギャップで，子どもの笑いが起こります。

① **子どもが発表を終えたあと，教師が怒り出す。**

　　先　生「Ａさんの発表だけどね，何を考えているんだ，まった
　　　　　　く……！」

　　子ども「えっ……先生が，怒ってる？」

② **子どもが静かになったところで，強調するように言う。**

　　先　生「いい声だった！　視線の送り方も，バッチリじゃない
　　　　　　か！　まったく……100点満点です！」

　　子ども「あはは，びっくりした。そうだよね。Ａさんの発表っ
　　　　　　て，とっても上手だもん！」

・「怒り口調」なのに，言葉の内容はほめている。このギャップで
　楽しませるのです。
・「上手すぎるだろう，発表の仕方が！」「だいたい，どうしてそ
　んなことができるんだ！」などの言葉を加えてもよいでしょう。

35 いくらなんでも

> 子どものところへ訝しげに近づいて，大きく驚きます。驚かれた
> 子どもはとても喜びます。

① **訝しげに子どもに近づく。**

子ども「先生，Ａさんのノートがすごいですよ！」

先　生「ええー？　いくらなんでも，そんなことはないでしょ
う……みんな，大げさなんだからなあ……」（首をか
しげながら）

② **子どものノートを見て，大げさに喜ぶ。**

先　生「わっ！　本当だ！　すごすぎる!!」

子ども「あはは！」

> ・「まったく，みんなオーバーなんだから」と，眉をひそめて近づき，
> その後は大きく目を見開きます。この差がリアクションとなり，
> 子どもに笑いをもたらします。

36 バスガイド風実況

バスガイドであるかのように，子どもの様子を実況します。普段できていない子どもががんばっているとき，紹介するのに適しています。

① **バスガイドになりきって紹介する。**
　先　生「みなさん。右手をご覧ください」
　子ども「なになに？」

② **子どもの様子を取り上げて解説する。**
　先　生「Aくんが，もう準備をしております」
　子ども「本当だ！」
　先　生「素敵なノートと教科書の置き方です。ぜひ一度お目通しください」
　子ども「Aくん，すごいね！」

・ガイドさんのように，良い声で案内しましょう。

37 100年に一度の秀才

「100年に一度の秀才」として，子どもが努力して作成した成果物を取り上げ紹介します。

① 100年に一度の秀才として紹介する。
　先　生「いいですか，みなさん。このクラスに，100年に一度の秀才があらわれました」
　子ども「ええっ!?　誰ですか？」

② ノートを持ち上げて，ほかの子どもに見せる。
　先　生「Aさんです。見てください，この輝かしいノートを！」
　子ども「うおおー！」

・実況者のように，元気よく伝えましょう。

49

38 オーラ

> 上手にできている子どもの前で，壁があるかのような動作を
> やってみせます。パントマイムのように，手をペタペタと動か
> してみせましょう。

① **突然教師が痛がりだす。**
　　先　生「いたっ！　なんだ，この壁」
　　子ども「えっ？　先生，どうしたの？」

② **がんばりオーラの壁だと説明する。**
　　先　生「……オーラか。Aさんには，がんばりオーラの壁がある
　　　　　　んだ」
　　子ども「ええー，なにそれ？」（笑）
　　子ども「オーラの壁があるのか，さすがだなあ」

> ・グループに対して行うのも効果的。「2班には，がんばりオーラ
> 　があるなあ……」というように。

50

39 なんということでしょう

> テレビ番組のナレーターのように,「なんということでしょう」
> とみんなに見せます。話し方も流ちょうにして,なりきること
> が大切です。

① **テレビ番組のように話し始める。**

先　生「なんということでしょう。あの姿勢の悪かったAくん
　　　　が……」

子ども「えっ？　なになに？」

② **子どもの近くに行き,いい状態を紹介する。**

先　生「こんなきれいに座っています。背筋までピーンと伸び
　　　　きっています」

子ども「本当だ。きれいに座れるようになったね」

・おもちゃのマイクを持ちながら話すと,さらに雰囲気が出ます。

40 大きな声では 言えないけど……

大げさに前振りしたにも関わらず，これを裏切ることによって，笑いを誘います。

① **大きな声では言えないことを伝える。**
　　先　生「驚いたことがあったんだ。あまり，大きな声では言えないんだけどね……」
　　子ども「うーん，なんだろう」（耳をひそめる）

② **大きな声で子どもをほめる。**
　　先　生「Ａさんの作文はすごいんだ!!」
　　子ども「声大きいよ！」

・小さな声でボソボソと言うところから，大きな声を張り上げます。

41 誰とは言いませんが

名指しでほめると，目立たせてしまい，いやな思いを感じさせてしまうことがあります。名前を伏せつつ，かつ誰なのかわかるようにほめます。

① **名前を出さずにほめる。**

先　生「いやー，すごいなあ」

子ども「何が？」

先　生「誰とは言いませんが，トイレのスリッパを全部そろえてくれた人がいるんです」

子ども「誰なんだろう？」

② **やってくれた子どもをジッと見つめる。**

先　生「誰とは言いませんがね……」

（Ａさんを見る）

子ども「あ，Ａさんなんだ！」

> 誰とは
> 言いませんがね

> あっ，
> Ａさんなんだ

・その子どもを見ながら，瞬きをパチパチと何回も繰り返すと，わかりやすくなります。

42 予想外

子どもをほめる際，矢継ぎ早に重ねていき，最後に「そこ!?」
とツッコみたくなるようなところをほめます。

① **子どもをほめる。**
　　先　生「Aくんの，音読するときの声がいいですね！」
　　子ども「本当だ，すごいなあ」

② **ほめるポイントと異なる部分をほめる。**
　　先　生「教科書を持つ姿勢も素晴らしい」
　　子ども「確かに，マネしてみよう」
　　先　生「髪型もオシャレです」
　　子ども「……そこは違うでしょう」

・2〜3個続けてほめた後に，突然おかしなところをほめると，
　笑いが起こります。

43 涙が出てきました

大げさな泣き真似で，子どもの注目を誘います。

① **泣いたフリをする。**

先　生「朝の会，自分たちでできたの!?」

子ども「はい！　大丈夫でした！」

先　生「うっ……グスッ……」

子ども「せ，先生，どうしたの？」

② **涙の訳を解説する。**

先　生「みんなが，こんなに成長したなんて……うれしすぎる
　　　　……」（泣きマネをしてみせる）

子ども「先生，絶対ウソ泣きでしょう」

・腕で目をゴシゴシとこすり，ウソ泣きらしく演出します。

44 連投ベタぼめ

子どものノートを，次々にほめていきます。教師のボキャブラリー
の豊富さに感動させましょう。

① **机間巡視しながら，子どものノートを，連続でほめていく。**

先　生「これは……天才ノートです。これは，達人ノート。大
　　　　富豪ノート。名人ノート。社長ノート。完璧ノート。
　　　　ベストオブノート。金メダルノート。100点ノート。
　　　　博士ノート。プロフェッショナルノート」

子ども「先生，僕はどうですか？」

② **リクエストに答えながらほめる。**

先　生「君は……職人ノートだね」

子ども「やったね！」

・ほかの言葉は，「最高」「王様」「最強」「神」「伝説」「国宝級」
「キング」「スーパー」「スペシャル」「ワンダフル」など。

V
★授業中のボケギャグ

授業中に教師がボケてみせます。固くなりがちな授業の中に笑いを取り入れれば，楽しく授業内容へと引きつけることができます。

45 イヌ語，ネコ語

> 先生が突然，動物の鳴き声で話し始めます。楽しませつつ，
> 何を言っているのか考えさせます。

① **動物の鳴き声で話す。**

先　生「ワワンワンワン」

子ども「……!?」

先　生「ワオーンオーン」

子ども「先生，どうしたの？」

② **通訳できる人を募集する。**

先　生「通訳できる人？」

子ども「はい！　教科書を読みましょうって言ってると思います」

先　生「ブー」

子ども「ノートに写しましょうって言ってます！」

先　生「正解！　今度はネコ語です。ニャニャニャーン」

子ども「なんだろう……!?」

・カエル語「ゲコゲコ」ニワトリ語「コケコッコー」ハト語「ポッ
ポッポ」フクロウ語「ホーホー」ネズミ語「チューチュー」
牛語「モーモー」馬語「ヒヒーン」なども可。

46 バレバレのウソ

> バレバレのウソをつき，子どもにツッコんでもらいます。子ども
> にもわかるくらい，大げさにしましょう。

① **大げさなウソをつく。**

　先　生「先生の家は，1 ha くらいあるのですが……」
　子ども「ウソだあ！　そんな広いわけがないよ！」

② **ウソをつき続ける。**

　先　生「だから，掃除が大変なんです。端から端まで，100m
　　　　　です。だから，大体運動場くらいの広さですね」
　子ども「そんなに広いの!?」
　先　生「掃除も大変ですよ。お手伝いさんも 100 人います」
　子ども「ウソに決まってるよ！」

・「なぜウソだと思うのか」から，学習上気づかせたいことへと
　繋げていきます。「先生は，学校の地下室に住んでいるのです
　が，地下 2000 キロメートルのところに家があるのです」

47 ごまかし

先生の行動に誤りがある場合に用います。誤りを誤魔化しつつ，笑いを誘います。

① **間違いの指摘を受ける。**

子ども「先生，日付けが間違っていますよ」

先　生「なにっ!?」（すぐに書き換える）

② **誤魔化しながら修正する。**

先　生「あぶなかった！　いやあ，間違えるかと思いましたよ」

子ども「いやいや，間違えてましたよ」

・「あ，UFO！」（と言いながら黒板を消す）「みなさん何を言っているのですか，間違えてませんよ」なんて手もあります。

・「みなさんが賢くなるために先生も演技しているのです」「先生は，10年に1度だけ間違いをします……そうか，あれから10年か……」というごまかし方も。

60

48 全員，キリン！

起立や着席など，号令に関係のあるダジャレを言います。古典的ながら，タイミングよく言うことで笑いを誘います。

① **ダジャレを言う。**
先　生「いいですか。立つときは，2秒以内に立ちましょう。
　　　　号令をよく聞くことです」
子ども「勢いよく立つぞ……」

② **続け様にダジャレを言う。**
先　生「全員，キリン！」
子ども「わあ……間違えた」
先　生「キリンさんが，いっぱい
　　　　いますねえ」
子ども「号令をよく聞かなくちゃ」
先　生「全員，キリマンジャロ！」
子ども「先生……きちんとしてく
　　　　ださい」

全員……
キリン！

・起立はほかに，「きりたんぽ」や「キリギリス」など。
・着席の際にも，「着信」（体を震わせる）「着火」（ボッと言う）
　「着陸」（手を挙げながら座る）などができます。

61

49 クール

見た目はカッコつけながら，内容はどうでもいいことを言います。
ギャップで子どもを楽しませます。

① 子どもが教師に話しかける。
　　子ども「先生，何かついてますよ」
　　先　生「ああ，テープだね」

② クールに無意味なことを伝える。
　　先　生「……こいつを，とっておけ」（カッコつけながら）
　　子ども「いや，いりませんよ」

・「みんなも，成長したもんだな……あの頃とは，大違いだ……」
　（遠い目をしながら）など，ドラマの中の１シーンのようにクー
　ルに言ってみせましょう。

62

50 ついでに

> 子どもの頑張りを認めます。プラスアルファして，無茶なお願い
> をすることにより，子どものツッコミを誘います。

① **問題の説明ができる人を指名する。**

　先　生「この先の説明ができる人？」
　子ども「〜という風になります」

② **教師の代理になることを求める。**

　先　生「すばらしい説明でした。先生より上手でした。どうでしょ
　　　　　う。ここから先は，どうぞＡさんに授業をしていただきま
　　　　　しょう。先生は，職員室で寝ていますので……」
　子ども「イヤです」

> ・「ついでに今度の参観日は先生として働いてもらいましょう」など，
> 　仕事を図々しく押し付けるかのように伝えてみましょう。

51 天丼

教師や子どもの言動でウケたものを，何度も繰り返して伝えます。シャレのきいた笑いです。

① **子どもがおかしなことを言う。**
先　生「今日は内科検診ですね。準備しましょう」
子ども「先生，今日は『男の人』だけの内科検診ですよね」
学　級「あはは，『男子』だろ。なんだよ,男の人って……」（笑）

② **子どものおかしな言い方を真似して言う。**
先　生「そうです。『女の人』は，来週にやります」
学　級「あはは，『女子』でしょう！」

・「直前でウケたフレーズ」を覚え，何かの機会で用いれば，これで天丼になります。

52 がんばれ私

自分で自分を励まします。これができることによって，滑った
場合の不安がなくなります。

① **ギャグで滑る。**
先　生「ふとんがね，ふっとんだんだよ」
子ども「……」（何言ってるの……？）

② **自分を励ます。**
先　生「がんばれ私，負けるな私！」
子ども「あはは！」

・ほっぺたをピシャリとたたくようにすれば，よりリアルに自分
を叱咤している感じになります。

53 変なイントネーション

授業の教材文を，おかしなイントネーションで読み上げます。
異変を感じさせることにより，教材文に注目させます。

① **おかしなイントネーションで読み上げる。**

先　生「ごんぎつね」

子ども「先生，ごんぎつね，ですよ」

② **異なるイントネーションで読み上げる。**

先　生「そうかそうか。もう一回読みますね。ごんぎつね」

子ども「いや，やっぱりおかしい！」

先　生「分かりました。ごんぎつね」

子ども「ごんぎつね，だってば！」

・子どもが気づくように，イントネーションを大げさに強調して
言いましょう。

54 指に顔を描いている

教師の指に顔を描き，これを本日のゲストとして紹介します。
期待感からがっかりさせることで，笑いが起こります。

① **父親が来ていると告げる。**

　先　生「今日は，先生のお父さんに来ていただきました」
　子ども「ええっ，どこどこ!?」

② **指に描いた絵を見せる。**

　先　生「先生の父です」
　子ども「なんじゃそりゃ！」

・参観日等に有効です。
・「お母さんも来ています」として，人差し指に顔を描くと，
　さらに面白い。

子どもの服と会話します。子どもは訳がわからず驚きますが，気づいた後に笑います。

① **子どもの服に話しかける。**

子どもの服のイラストや，持ち物に話しかけます。

先　生「いつも，時代劇で拝見しています。すごい速さで走っていますよね。ぼくは足が遅いので，憧れています。今日は，ようこそうちの教室にお越しくださって，ありがとうございます」

子ども「……え？」

② **服のイラストに話し続ける。**

先　生「初めまして，馬さん。
　　　　今日はゆっくりしていってくださいね」

子ども「……これは服の絵です」

・子どもの服のガラに注目して，使えそうなタイミングを見計らいましょう。

VI
★授業中のツッコミ
&
フォローギャグ

授業中に，子どもにツッコミを入れたり，間違いのフォローを入れたりします。子どもの行動に対して瞬時に対応することで笑いを生み出します。

56 校長先生が来たら どうしよう

風変わりな活動をしている最中，自分たちの行動について，俯瞰的に捉えて不安がるコメントをします。

① **風変わりな活動をする。**

先　生「音読をします。先生にタッチされたら椅子の上に乗りましょう」

子ども「面白そう！　祇園精舎の鐘の声……」

先　生「タッチ！」

子ども「やったね！」

② **状況を客観的に捉えて怯える。**

先　生「こんなところで校長先生が来たらどうしよう……」

子ども「あはは！　先生がクビになっちゃうね！」

・「校長先生が通りませんように……」とお祈りするのも面白いです。

70

57 おそうしきの帰り道 ですか

教室の中が暗い雰囲気になったとき，音読しているのにぼそぼそとした声でしか読めないときなど，雰囲気を温めるツッコミを入れます。

① **活動の指示を出す。**
　（子どもの声が小さいとき）
　先　生「では，音読をしましょう」
　子ども「……月日は百代の過客にして……」

② **子どもにツッコミを入れる。**
　先　生「……みなさん，暗いですね。おそうしきの帰り道ですか」
　子ども「えっ……違います」（笑）
　先　生「だったらもう少し，元気よく読みましょう」

・「寝不足ですか」「昨日，嫌なことでもあったのですか」「みなさん，朝ご飯は食べてきましたか」「半分くらい寝ていますね」など，悪い様子をおもしろおかしく表現して指摘しましょう。

58 動作化

子どもの行動を教師の動作で表現します。コミカルな動きを見て，子どもたちは笑います。

① **昨日あった話をする。**
先　生「昨日とっても感動したことがあったんだけどね」
子ども「うん，なになに？」

② **教師が動作で表現する。**
先　生「Ａくんのお辞儀がね……こんな速さだったんだよ」
子ども「はっ，はやい！」
先　生「まるでムササビみたいだったよ」
子ども「すごいなあ！」

・「Ａさんの振り向く早さは，これくらい！」「Ｂさんの起立の早さは，これくらい！」など，あらゆる動きを，動作化して表現しましょう。

72

59 そっちかよ

子どもを叱る際，教室には緊張感が走ります。全員が注目している中で，子どもが思っているのと違う所に話しかけ，笑いを誘います。

① **子どもに強い語調で迫る。**

先　生「では，これから説明を始めますね」

Ａくん「でね，それでね，昨日見た YouTuber がね……」

先　生「あっ！」（教師が子どもへ歩みよる）

② **全然違うことで話しかける。**

Ａくん「まずい，叱られる！」

先　生「…………この鉛筆，
　　　　　かっこいいな」

子ども「そっちかよ」

・ゆっくり歩き，顔をしかめっ面にしたまま歩み寄ります。
　ギャップにより，笑いを生み出すようにします。

VI 授業中のツッコミ＆フォローギャグ

60 もしも○○家なら

「もしも〜なら」というように，ほかの仕事の人にたとえて注意を促します。

① **子どもを叱る。**
　　先　生「なんですか，その字は……」
　　子ども「は，はい……」（ああ，やっぱり適当にやったことが
　　　　　　バレてしまったか……）

② **ほかの仕事の人に例えて叱る。**
　　先　生「もしも陶芸家なら，割っていますよ！」
　　子ども「えっ……」（おもしろい。あっ，今度から気を付けよう！）

・「マンガ家なら，破いていますね」「ギタリストなら，ギター投げて
　ますよ」「書道家なら，墨汁をぶちまけていますよ」なども OK。

61 くだらないおしおき

子どもを叱る際に，「くだらないおしおき」を示します。子ども
は「それはやりたくない！」と怖れ，行動を正します。

① **子どもを叱る。**
　　先　生「こら！」
　　子ども「あっ，はい……」

② **くだらないおしおきを示す。**
　　先　生「今度ふざけたら，給食のジャムぬきですよ」
　　子ども「えー，いやです！」
　　先　生「いや，その態度はダメだな。ジャムぬきか，ジャムだ
　　　　　　けか，どっちがいい？」
　　子ども「ど，どっちも嫌です！」

・「下敷きをしていない人は，下敷きを5枚重ねて書いてもらい
　ます」「今声が小さい人は，音読の終わりに『よん♪』をつけ
　てもらいます」など，できるだけくだらないおしおきになる
　ようにします。

62 しなくてよろしい

子ども同士のやりとりについて，言葉を引用しながら即座に制止します。ツッコミのように間を空けずに言うことで，笑いが起こります。

① **子ども同士のやりとりを聞く。**
（図書室で）
Aくん「何してるんだよ。やめろよ」
Bくん「うるさいなあ。なんだよ，耳ひきちぎるぞ」
先　生「……」（近づいていく）
A・B（あ，まずい……）

② **子どもの一言を取り上げてツッコミを入れる。**
先　生「ひきちぎらなくて，よろしい」
A・B「あ，ハイ」（しまった……！）
子ども「アハハ！」

・子どもの言った言葉を，そのまま「〜しなくてよろしい」と厳かに言います。滑ったとしても，「注意しただけ」なので大丈夫。安心して使えるギャグです。

76

小さな声で大ヒント

指名されたにも関わらず，答えを言えない子がいます。教師が小さな声で答えを送り，サポートします。

① **答えが分からなくて困っている子にささやきかける。**
先　生「ここの答えは，何ですか？」
子ども「ええっと，そのー……」

② **小さな声で答えをささやく。**
先　生「答えは5だよ5……」（ささやく）
子ども「5です」
先　生「よく分かったねえ！　天才！」

・手を口の横に当てて，いかにもささやいている感じで声をかけます。

64 先生の耳が遠いんだ

小さな声で発表する子がいます。聞こえないと言ってしまうと，子どもが余計に萎縮してしまうことがあります。教師の耳のせいにしてしまいましょう。

① **教師の耳が遠いことを伝える。**

子ども「答えは，３だと……思いま……す……」（小さな声）

先　生「ストップ。ごめんね，実をいうと先生は，耳が遠くてね。飛行機の音くらい大きくないと，聞こえないんだ。もう一回言ってくれるかな」

② **子どもの声に感謝を伝える。**

子ども「答えは，３だと思います！」

先　生「おお，聞こえましたよ！　ありがとう，助かりました」

・「電話が遠くて聞こえないですね……」など，電話風にするのもよいでしょう。

65 間違いフォローの くしゃみ

子どもが間違えたときに，わざとらしくくしゃみをします。「くしゃみのせいで聞こえなかった」ということにしてしまいます。

① **子どもの声に対して，くしゃみをする。**
　先　生「では，この問題の答えは？　Bさん」
　子ども「ごんぎつね……だと思います」

② **子どもにもう一度答えてもらう。**
　先　生「ヘックシュン！　え，なんて？」
　子ども「あっ……ちがう！　兵十だと思います！」
　先　生「そうだよね。すばらしい！」

・「おっと！　教科書が落ちた！　え，なんて？」など，騒音を出すことで誤魔化す方法もあります。
・「ブウウン……今ね，車が通ったせいで，答えが聞こえなかったんだ。もう一度言ってくれるかな？」というように，自分で音を発するのもOK。

66 ニセモノだな？

子どもが忘れ物をしたときなど，子ども本人の責任にせず，偽物ではないかと疑います。

① **普通に指導をする。**

Ａくん「先生，実は今日，習字道具忘れました」

先　生「なんだって？　今日使う事は，１週間前から伝えていたよね？」

Ａくん「あの，ごめんなさい……」

② **本物であることに気づいてみせ，注意を促す。**

先　生「君はニセモノだな？　本物のＡくんが，そんなことするわけがないだろ！　本物はどこだ？　正体を表せ！」

Ａくん「あ，いや，本物です……」

先　生「本物なの？　本当に？　そうか。いつもキッチリしている君が忘れるなんて，信じられないよ。今日は先生のを貸すけど，気をつけるんだよ」

・「君は，双子だったかな？」などの言い方も有効です。

Ⅶ
★授業の
スキマ時間ギャグ

授業中や休み時間など，ちょっとしたスキマ時間に子どもと笑い合うためのギャグです。

67 大きくなったね

去年担任していた子どもなど，廊下ではいろいろな子どもたち
に出会うことがあります。そんなときに，成長を喜ぶ気持ちを
ギャグで伝えましょう。

① **挨拶をする。**

子ども「あ，先生。久しぶり！」

先　生「やあ。本当に，大きくなったね」

② **手で背の高さを表現する。**

先　生「去年までは，これぐらいだったのに」

子ども「そんな小さくないよ！」

先　生「いやいや，相当に大きくなったね。月日は，流れてる
　　　　んだなあ……」

子ども「何をひたってるんですか？」（笑）

・手の高さで大きさを表現します。膝くらいの低さにまで手を
　下げましょう。

68 そうですね

「そうですね」を繰り返すあそびです。合間に教師をたたえる
言葉を挟み，笑いを起こします。

① **繰り返しの言葉を指定する。**

先　生「先生がなにを言っても，『そうですね』と返してくだ
　　　　さいね」

子ども「そうですね」

先　生「今日はいい天気ですね」

子ども「そうですね」

② **「そうですね」と言いたくないような言葉を伝える。**

先　生「先生は美人ですね」

子ども「そう……でもない」

先　生「アウトです。アウト！」

子ども「うええ〜」

・「今日の宿題はプリント 100 枚です」なんかも，よいでしょう。

69 ドッキリ

時間が余っているときなどにやるあそび。一部の子どもにドッキリを仕掛けます。

① **ドッキリをしかける。**

Aくん「B先生のところへ，届け物に行ってきます」

（教室を出たあと）

先　生「……では，Aくんにドッキリをしかけましょう。彼が帰ってきたら，先生が怒ります。そこで，みんなで『すみませんでした！』と言いましょう」

子ども「おもしろそう！」

② **みんなで一斉に謝る。**

先　生「こんなことしちゃ，ダメでしょう？」

子ども「すみませんでした！」

Aくん「……え!?」

子ども「ドッキリでした！」

Aくん「なーんだ！　ビックリしたよ！」

- 「みんなで寝て待ちましょう」というドッキリも面白いです。
- 多発してはいけません。年に１〜２回までにしましょう。

70 笑ってはいけない1分間

笑ってはいけない時間を作ります。笑わせる子と，笑いを我慢する子とで，楽しい雰囲気が作り出されます。

① **笑ってはいけない遊びをする。**

先　生「全員起立。今から，笑ってはいけません。笑ってしまうと，座ります。座った人は，周りの友だちを笑わせましょう。では，はじめ」

子ども「……」

先　生「Aくん，笑いましたね」

Aくん「ああ，笑っちゃった！」

② **座った子どもが，周りを笑わせに行く。**

先　生「では，続けますよ。ベロベロバー！」

子ども「……ププッ」

（1分後）

先　生「そこまでにします。残った人に，拍手を送りましょう」

・口の上にえんぴつを乗せ，落としてしまうとアウトにしてもよいでしょう。笑うと口角が動くので落としてしまうのです。

71 ～しているからダメです

教師が勝手に誤解をして，子どもに決めつけをします。子ども
の否定後に，すぐ訂正しましょう。

① **全体をチェックする。**

先　生「きちんと準備できている列から，プリントを配りますね」
子ども「みんな，きちんとしようよ！」

② **おかしな理由で却下する。**

先　生「この列は……Ａくんが，頭の中でシュークリームのこ
　　　　とを考えているからダメです」
子ども「ちょっと，考えてませんよ！」
先　生「そうだったの？
　　　　ごめんね」

・「ゲームのことを考えているからダメです」「今日の給食のこ
　とを考えているからダメです」「先生のカッコよさについて
　考えているからダメです」などもＯＫ。

86

エスカレーター＆ エレベーター

> 扉の窓を利用して，エスカレーターやエレベーターに乗っている
> ふりをします。上手にできれば，子どもたちは大盛り上がり。

① **エスカレーターに乗っているふりをする。**

先　生「休み時間ですね。先生はエスカレーターに乗って職員
　　　　室へ行きます。みなさんさようなら」

子ども「ええっ！　先生がエスカレーターに乗ってる！」

② **別の日に，エレベーターに乗っているふりをする。**

先　生「今日は，エレベーターに乗って職員室は戻ります。
　　　　ウィーン」

子ども「もう騙されないぞー！」

ろうかから見た場合

> ・エスカレーターは，片足を前へ大きく踏み出して，上体の体勢を
> 維持したままゆっくり下げていくようにすると簡単にできます。

口が滑った

> 子どもとの雑談の中で，ポロリと本音を漏らします。慌てて
> 訂正してみせることで，子どもの笑いを誘います。

① **子どもと雑談をする。**

子ども「先生って，空き時間はなにをしているの？」

先　生「忙しいよ。みんなの授業の準備をしたり，プリントを
　　　　印刷したり……」

② **雑談の中で口を滑らせたふりをする。**

先　生「昼寝をしたり……おおっと！　口が滑った！」

子ども「あはは！」

> ・「はー，早く帰ってゲームがしたいな……おっと，口が滑った！」
> 「昼寝したいなあ……ああっ！　口が滑った」などもよし。

セルフお願い

> お願いをして，自分でその願いをかなえ，感謝します。全てを
> 1人で完結させてしまうことで，コミカルな時間を作り出します。

① **プリントをとってもらうようお願いする。**
　先　生「すみませーん，プリントとってください」
　子ども「……」

② **自分でプリントをとる。**
　先　生「はいよ！　いやあ，ありがとう。助かったよ」
　子ども「先生……1人で何をやっているんですか？」

・顔や体の向きを変えて，1人2役していることが伝わるよう
　にします。

89

75 習いに行ってるの？

子どもが学校生活のことについて上手にできたとき，「習いに行っているのか」を尋ねます。「そんな習い事があるはずない」と思えるような尋ね方をしてみましょう。

① **雑巾の絞り方をほめる。**

　先　生「Ａくん，雑巾のしぼり方が上手だよねえ」
　子ども「えへへ，そうかなぁ」

② **習い事に行っているか尋ねる。**

　先　生「……もしかして，雑巾しぼりを習いに行っているの？」
　子ども「行ってません！」

・「ほうきの修行に行ったことがある？」「机運びのアルバイトをしているの？」など，ありえない質問をしてみましょう。

76 だってさ！

教師が間違えたときに，子どもが辛辣な言葉を言うことがあります。それを，ほかの子が言われているかのように置き換えてしまいます。

① **子どもから厳しい言葉を受ける。**
　　先　生「あっ，間違えちゃった」
　　子ども「もう，先生。しっかりしてくださいよ！」

② **言葉を他の子どもへ受け流す。**
　　先　生「だってさ！　Aくん。言われていますよ。きちんと聞いていますか」
　　子ども「違います！　先生に言っているんです！」

・急にふられても対応できる子どもを指名するようにしましょう。

91

77 知らないのに相づち

> 子どもが話しかけてきたことに関して，さも知っているかのように振る舞いながら，最後に「知らない」と言います。

① **適当な相づちを打つ。**

子ども「先生，○○ってゲーム，知ってる？」

先　生「ああ～，あれね。バンバン，ビューみたいな」

② **知らないことをひょうひょうと告げる。**

子ども「そうそう，それ！　すっごくおもしろいよね！」

先　生「うん，うん。ごめん全然知らない」

子ども「ええっ!?」

・「分かる，分かる」と，さも知っているかのように深く相づちをうちましょう。

著者紹介
三好真史
　1986 年，笑いの都 大阪に生まれる。授業へユーモアを取り入れたくて，「漫才塾」に通う。漫才の地方大会でプロ漫才師に勝利し，優勝をおさめる。
　堺市立小学校教諭。メンタル心理カウンセラー。
　教育サークル「大阪ふくえくぼ」代表。
　著書に『子どもがつながる！　クラスがまとまる！　学級あそび 101』（学陽書房），『教師の言葉かけ大全』（東洋館出版），『スキマ時間で大盛り上がり！　楽しい教室クイズ 77』（黎明書房）等がある。

＊イラスト：伊東美貴

おカタい授業にクスリと笑いを！ 教室ギャグ 77

2021 年 1 月 1 日　初版発行

著　者	三　好　真　史	
発 行 者	武　馬　久仁裕	
印　刷	株 式 会 社 太 洋 社	
製　本	株 式 会 社 太 洋 社	

発 行 所　　　　　株式会社　黎 明 書 房
〒460-0002　名古屋市中区丸の内 3-6-27　EBS ビル　☎ 052-962-3045
FAX 052-951-9065　振替・00880-1-59001
〒101-0047　東京連絡所・千代田区内神田 1-4-9　松苗ビル 4 階
☎ 03-3268-3470

落丁本・乱丁本はお取替します。　　　ISBN978-4-654-00403-4

スキマ時間で大盛り上がり！
楽しい教室クイズ 77
三好真史著　　A5・94 頁　1600 円

シリーズ・教師のネタ 1000 ①／授業の合間などにできるスキマ時間にクイズで大盛り上がり！　簡単すぎず，難しすぎない，子どもたちが大喜びの絶妙の 77 問。学級づくりにも役立つ，先生の心強い味方です。

どの子も笑顔になれる
学級づくり＆授業づくりのネタ 35
土作彰著　　A5・93 頁　1600 円

シリーズ・教師のネタ 1000 ②／地図学習で「東西南北」を一発で覚えられるネタなど，子どもの信頼を勝ち取る，選りすぐりのネタを多数収録。子どもたちが劇的に変わります。

知っているだけで大違い！
授業を創る知的ミニネタ 45
土作彰編著　　A5・102 頁　1700 円

子どもも教師も笑顔になれる，国語・算数・理科・社会の「授業に使えるミニネタ」33 種と「学級経営と授業をスムーズに流せるようになるネタ」12 種を紹介。すぐ使える魅力的なネタ満載です。

新装版　クラスを
「つなげる」ミニゲーム集 BEST55＋α
中村健一編著　　B5・62 頁　1700 円

クラスを 1 つにし，先生の指示に従うこと，ルールを守ることを子どもたちに学ばせる，最高におもしろい，子どもたちに大好評のゲーム 55 種を厳選。2 色刷。心ひとつに／新聞紙ミッション／両手指相撲／だるまさんが転んだ転ばない／他

子どもも先生も感動！
健一＆久仁裕の目からうろこの俳句の授業
中村健一・武馬久仁裕著　　四六・163 頁　1700 円

日本一のお笑い教師・中村健一と気鋭の俳人・武馬久仁裕がコラボ！　目の覚めるような俳句の読み方・教え方がこの 1 冊に。楽しい俳句の授業のネタの数々と，子どもの俳句の読み方などを実例に即してわかりやすく紹介。

新装版　教室で家庭で
めっちゃ楽しく学べる国語のネタ 63
多賀一郎・中村健一著　　A5・96 頁　1600 円

短い時間でできる国語のクイズ，パズル，ゲーム，お話など，63 のネタを低学年・中学年・高学年に分けて紹介。国語の驚きの面白ネタが満載です。気がつけば，誰でも国語が大好きになっています！　新装・大判化。

新装版
めっちゃ楽しく学べる算数のネタ 73
中村健一編著　　A5・96 頁　1600 円

子どもたちがなかなか授業に乗ってこない時，ダレてきた時などに使える，子どもが喜ぶ算数のネタを，低学年・中学年・高学年・全学年に分け紹介。算数が苦手な子も得意な子も飽きさせない楽しいネタがいっぱい。新装・大判化。

表示価格は本体価格です。別途消費税がかかります。

■ホームページでは，新刊案内など，小社刊行物の詳細な情報を提供しております。
「総合目録」もダウンロードできます。http://www.reimei-shobo.com/